I0017262

YO, mi

INFLUENCER

"Amistad 2.0: Conectando en la era digital"

R.B.Ángel

Yo, mi influencer

Copyright © 2023 R.B.Angel

Todos los derechos reservados.

ISBN: 9798391815853

Sello: Independently published

La novela que tienes en tus manos es una historia que busca ahondar en la vida de cuatro jóvenes que crecieron en la era de las redes sociales y cómo estas influyeron en su vida cotidiana. A lo largo de las páginas, se exploran temas como la autoestima, la vulnerabilidad, la privacidad, la madurez, la comunicación y, sobre todo, la importancia de la verdadera amistad.

Cristian, Nerea, Sergio y Paula son los personajes principales que te acompañarán a lo largo de este viaje. A través de sus vivencias y sus relaciones en línea, la novela muestra cómo las redes sociales pueden ser tanto una herramienta útil como un arma peligrosa.

En el transcurso de la historia, los personajes se enfrentan a situaciones que los hacen cuestionar su autoestima y su identidad. También experimentan los peligros de la exposición en línea y cómo la falta de privacidad puede tener consecuencias graves. Sin embargo, a medida que avanzan en su camino, aprenden a tomar medidas para protegerse a sí mismos y a los demás en línea.

A lo largo de la novela, se muestra la importancia de la madurez y la responsabilidad en el uso de las redes sociales. Los personajes aprenden a comunicarse de manera efectiva y a valorar la verdadera amistad por encima de las relaciones superficiales que se encuentran en línea.

En resumen, esta novela busca concienciar al lector sobre los peligros de las redes sociales y cómo pueden afectar la vida de las personas. A través de sus experiencias, se muestran consejos y estrategias para fomentar una vida en línea saludable y responsable. Además, se resalta la importancia de la comunicación y la verdadera amistad en la vida de los jóvenes. Espero que disfrutes de esta historia y te lleve a reflexionar sobre la forma en que utilizas las redes sociales en tu propia vida.

Agradecimientos

A todos aquellos que me han acompañado en esta aventura literaria, a los que creyeron en mí y en mi obra, a los que me han apoyado y brindado su apoyo incondicional, a los que han sido mi inspiración y mi motor para seguir adelante, a todos ellos, mi más sincero agradecimiento.

Quiero dar las gracias a mi familia, por su amor y su apoyo incondicional. A mi pareja, por estar siempre a mi lado, animándome y ayudándome en cada paso del camino. A mi equipo de editores, diseñadores y demás colaboradores, por su profesionalismo, su dedicación y su paciencia.

También quiero agradecer a mis seguidores y lectores, por su cariño y su entusiasmo, por su pasión y su fidelidad. Gracias por creer en mí y en mi obra, por compartir sus pensamientos y emociones conmigo, por hacerme parte de sus vidas.

Por último, quiero agradecer a la vida misma, por permitirme soñar, crear y vivir esta maravillosa aventura que es la escritura. Gracias por inspirarme, retarme y enseñarme cada día algo nuevo. Sin ti, nada de esto sería posible.

¡Gracias, gracias, gracias!

Yo, mi influencer

Índice

Introducción

• **Una amistad en línea:** Presentación de los personajes.

• **Encontrando la conexión**: Cómo los personajes conocen las redes sociales y empiezan a interactuar en ellas.

• **La cima de la popularidad**: Cómo los personajes se ven influenciados por las redes sociales y cómo esto afecta su vida diaria.

• **El precio de la fama**: Cómo los personajes persiguen la popularidad en las redes sociales y qué consecuencias trae consigo.

• **Detrás de la pantalla**: Cómo la vida privada de los personajes se ve afectada por la exposición en las redes sociales.

• **Corazones en el ciberespacio**: Cómo las relaciones amorosas se ven influenciadas por las redes sociales y cómo esto puede afectarlas.

• **Falsas amistades:** Cómo las redes sociales pueden afectar negativamente las amistades y crear dinámicas tóxicas.

• **El discurso del odio**: Cómo la libertad de expresión en las redes sociales puede llevar a discursos de odio y a la discriminación.

• **Vulnerabilidad expuesta**: Cómo la inseguridad y la vulnerabilidad de los jóvenes se exacerban por la exposición en las redes sociales.

• **Los peligros en la red**: Cómo los personajes se enfrentan a los peligros que se esconden detrás de las redes sociales.

• **Aprendiendo la madurez**: Cómo los personajes aprenden a madurar y a ser responsables en el uso de las redes sociales.

• **La verdadera amistad**: Cómo los personajes aprenden a valorar la verdadera amistad por encima de las relaciones superficiales en las redes sociales.

• **Comunicación afectiva**: Cómo los personajes aprenden a comunicarse y a expresarse de manera efectiva en las redes sociales y en la vida real.

• **Reflexiones finales**: Reflexiones finales sobre los temas tratados en la novela.

Una amistad en línea

Cristian había sido un apasionado jugador de videojuegos desde que era niño. Cuando tenía 12 años, descubrió un foro en línea de juegos donde los jugadores podían conectarse y hablar sobre sus juegos favoritos. Fue allí donde conoció a Nerea, Sergio y Paula. Al principio, las conversaciones eran tímidas e incómodas, pero pronto descubrieron que tenían mucho en común.

Cristian y Nerea descubrieron que ambos eran fanáticos de la misma serie de televisión y pronto comenzaron a hablar de episodios y personajes juntos. Sergio compartió la misma pasión por los deportes y siempre tenía las últimas noticias y estadísticas para discutir con el grupo. Paula, por otro lado, era la más creativa del grupo y compartía historias y poemas que había escrito con ellos.

A medida que los años pasaban, la amistad en línea de los cuatro jóvenes se volvía cada vez más fuerte. A pesar de nunca haberse visto en persona, se hablaban casi todos los días y conocían muchos detalles sobre las vidas de los demás. Había un sentido de comodidad y apoyo entre ellos que no encontraban en otros lugares.

La amistad en línea también les brindó una sensación de anonimato y seguridad. Aunque compartían muchos detalles de sus vidas, siempre podían elegir qué revelar y qué no. Había una sensación de libertad y control que no encontraban en otras situaciones sociales. Podían ser ellos mismos sin temor a ser juzgados por su apariencia o comportamiento.

Sin embargo, también había un lado oscuro en la amistad en línea. Los cuatro amigos se dieron cuenta de que algunas personas en el foro no eran quienes decían ser. Había trolls que buscaban provocar peleas y usuarios que se hacían pasar por alguien más. Incluso habían experimentado el acoso en línea por parte de otros jugadores. Aunque habían aprendido a lidiar con estos problemas, siempre existía un cierto nivel de ansiedad y precaución al interactuar en línea.

A pesar de estos desafíos, la amistad en línea de Cristian, Nerea, Sergio y Paula continuó creciendo. Habían creado un espacio seguro y de apoyo para ellos mismos en el mundo digital y disfrutaban de la compañía del otro. Incluso habían comenzado a hablar de la posibilidad de conocerse en persona algún día.

Cristian se sentía agradecido por haber encontrado amigos tan maravillosos en línea. Aunque nunca había conocido a Nerea, Sergio y Paula en persona, sentía que los conocía tan bien como a sus amigos de la vida real. La amistad en línea les había brindado una conexión única que no habrían encontrado en ningún otro lugar. Y Cristian estaba ansioso por ver cómo evolucionaría esta amistad en los años venideros.

Cristian, Nerea, Sergio y Paula se han convertido en inseparables a pesar de nunca haberse conocido en persona.

Desde que se conocieron en el foro de juegos, han hablado regularmente a través de la plataforma. Con el tiempo, se han vuelto amigos cercanos y han compartido muchas risas juntos.

Un día, mientras jugaban juntos en línea, Sergio tuvo un problema con su conexión a internet y su personaje en el juego se quedó congelado en medio de una pelea. Desesperado, intentó todo lo posible para arreglar su conexión, pero nada funcionaba. Fue entonces cuando sus amigos se unieron para ayudarlo, cada uno tratando de encontrar una solución. Finalmente, después de varios intentos, lograron que Sergio pudiera volver al juego y completar la pelea.

En otra ocasión, Nerea compartió una historia divertida sobre su gato que había aprendido a jugar con el ratón del ordenador. Los amigos se divirtieron mucho con la idea de un gato jugando con un ratón, y pronto comenzaron a intercambiar historias de mascotas y cosas divertidas que habían hecho.

Cristian compartió una historia embarazosa sobre cómo se había quedado dormido durante una partida importante del juego, lo que hizo que su personaje muriera y su equipo perdiera la pelea. Todos se rieron de la situación y comenzaron a compartir historias de situaciones en las que habían dormido en momentos inoportunos.

Pero no todo era diversión y juegos. También discutían temas serios, como la presión en la escuela y en la vida en general. Compartían consejos y se apoyaban mutuamente en los momentos difíciles.

A pesar de que nunca habían hablado cara a cara, sus conversaciones se sentían tan reales como si estuvieran en la misma habitación. La conexión que habían desarrollado en línea era fuerte y significativa. Estaban agradecidos por haberse conocido y formado una amistad tan especial.

A medida que pasan los años, la amistad entre Cristian, Nerea, Sergio y Paula se convierte en algo más que una simple conexión en línea. Comienzan a hablar sobre sus vidas fuera de la plataforma de juegos, compartiendo sus sueños, miedos y esperanzas. A pesar de que nunca se han conocido en persona, se sienten cercanos y cómodos hablando sobre cualquier cosa.

Un día, Cristian tiene una idea loca. Les sugiere que se conozcan en persona en un evento de juegos que se llevará a cabo en su ciudad. Al principio, todos se muestran un poco reacios, preocupados por cómo podrían ser las cosas en la vida real. Pero finalmente, deciden que es una buena idea y comienzan a planear su viaje.

La emoción se hace palpable cuando se conocen finalmente en persona en el evento. Todos se abrazan y ríen, emocionados por finalmente conocer a sus amigos en la vida real. Juntos, disfrutan del evento, comparten risas y hacen recuerdos que durarán toda la vida.

Sin embargo, la vida no siempre es perfecta. Mientras continúan su amistad en línea después del evento, surgen conflictos y desacuerdos. En una discusión particularmente acalorada, Sergio y Nerea tienen una pelea y deciden tomar un tiempo libre de hablar entre ellos. Los demás miembros del grupo tratan de mediar, pero finalmente se dan cuenta de que la solución es que Sergio y Nerea hablen entre ellos y resuelvan su conflicto.

Después de un tiempo, las cosas se calman y la amistad continúa. Cristian, Nerea, Sergio y Paula aprenden que las amistades en línea pueden ser tan reales y significativas como las amistades en persona. Descubren que la comunicación abierta y la resolución de conflictos son importantes en cualquier tipo de relación y que, a pesar de las dificultades, el valor de su amistad en línea es inmenso.

Encontrando la conexión.

Cristian, Nerea, Sergio y Paula eran jóvenes activos en el mundo de los juegos en línea. Pasaban horas jugando juntos y hablando por voz en el chat. Sin embargo, pronto descubrieron un nuevo mundo de interacción social en línea: las redes sociales.

Todo comenzó cuando Sergio les sugirió unirse a una red social popular que estaba ganando popularidad. Al principio, los demás eran escépticos, pero finalmente decidieron probarlo. Descubrieron que era una forma interesante de conocer a otras personas con intereses similares y compartir sus intereses.

Nerea se emocionó cuando descubrió que podía seguir a sus músicos y artistas favoritos en línea y ver sus publicaciones diarias. Cristian encontró una gran comunidad de personas apasionadas por los juegos en línea y la tecnología. Sergio se unió a grupos de personas interesadas en deportes y juegos, mientras que Paula encontró inspiración y motivación en comunidades de arte y diseño.

Pero también descubrieron que había un lado oscuro en las redes sociales. Algunas personas compartían información falsa y odiosa, lo que resultaba en debates acalorados y desagradables. Además, también encontraron perfiles falsos y personas que trataban de engañarlos para que compartieran información personal.

A pesar de estos desafíos, los amigos decidieron seguir usando las redes sociales para conectarse con el mundo. Comenzaron a compartir sus propios intereses y hobbies en línea, recibiendo comentarios y apoyo de otras personas con ideas afines. La red se convirtió en una forma emocionante de explorar nuevos intereses y conocer gente nueva.

Pero a medida que pasaba el tiempo, también descubrieron que las redes sociales podían ser adictivas. Algunos días pasaban horas navegando por sus feeds, perdiendo tiempo valioso que podrían haber utilizado para otras actividades.

Aun así, los amigos descubrieron que las redes sociales eran una herramienta poderosa para conectarse con el mundo, aprender cosas nuevas y conocer a nuevas personas. Al final, decidieron usarlas con moderación y prudencia, sabiendo que como en todo, hay un equilibrio.

A medida que continúan explorando las redes sociales, también comienzan a preocuparse por su privacidad. Se dan cuenta de que la información que comparten en línea puede ser vista por cualquier persona, y deciden ser más cuidadosos con lo que publican.

A pesar de los peligros, Cristian, Nerea, Sergio y Paula continúan utilizando las redes sociales y se sienten agradecidos por las oportunidades que les brindan. A través de las redes sociales, han encontrado amigos de todo el mundo y han descubierto nuevas formas de entretenimiento y educación.

Después de varios años de utilizar las redes sociales, Cristian, Nerea, Sergio y Paula empiezan a reflexionar sobre su experiencia y el impacto que ha tenido en sus vidas. A pesar de haber creado grandes amistades y haber tenido momentos divertidos, también han experimentado situaciones desagradables y conflictos con otras personas en línea.

Cristian se pregunta si vale la pena seguir usando las redes sociales, mientras que Nerea considera que es una herramienta útil para mantenerse en contacto con amigos y familiares que están lejos. Sergio y Paula, por su parte, expresan cierta preocupación por cómo las redes sociales pueden afectar a la salud mental y emocional de las personas.

A medida que conversan sobre estos temas, llegan a la conclusión de que es importante ser conscientes del uso que hacemos de las redes sociales y de cómo afectan a nuestras vidas. Cristian sugiere que podrían intentar limitar su tiempo en línea y centrarse en establecer conexiones significativas con las personas con las que interactúan en lugar de simplemente acumular seguidores y amigos.

En los días siguientes, los cuatro amigos empiezan a aplicar estas reflexiones y a ser más selectivos con sus interacciones en línea. Descubren que, aunque es fácil caer en la tentación de estar constantemente conectados, pueden obtener mucho más valor de las redes sociales si las usan de manera más consciente y equilibrada.

Mientras tanto, en el mundo en línea, las cosas no siempre son tan fáciles. Encontrar la línea correcta entre ser abierto y honesto con los demás y proteger nuestra privacidad puede ser un desafío, y a menudo surge la tentación de juzgar y criticar a otros en línea. Los cuatro amigos aprenden que es importante tratar a los demás con respeto y empatía, incluso cuando las opiniones difieren.

A medida continúan el uso de las redes sociales, también comienzan a enfrentarse a una serie de problemas y desafíos. Uno de los principales problemas que encuentran es la ciberacoso, especialmente en las redes sociales más populares donde hay una gran cantidad de usuarios. Algunos de ellos experimentan bullying y ataques verbales en línea, lo que los deja sintiéndose heridos e indefensos.

Otro problema común que enfrentan es la falta de privacidad y seguridad en línea. A veces comparten información personal sin darse cuenta y terminan siendo víctimas de estafas y fraudes en línea. A medida que se vuelven más conscientes de estos problemas, comienzan a ser más cuidadosos al compartir información en línea y a tomar medidas para proteger su privacidad.

También experimentan la presión social de seguir la tendencia en línea y de encajar en los estándares de belleza y estilo de vida que se promueven en las redes sociales. Algunos de ellos se sienten inseguros por su apariencia y por la comparación con otros usuarios, lo que afecta su autoestima y confianza en sí mismos.

Cristian, Nerea, Sergio y Paula se han vuelto adictos a las

redes sociales. Pasan la mayor parte de su tiempo en línea, viendo videos, leyendo publicaciones y comentando en las publicaciones de otros. A medida que sus seguidores aumentan, comienzan a sentir el poder de su influencia en línea.

Cristian, un ávido jugador, comienza a publicar videos de sus jugadas y tutoriales en línea. Pronto, tiene miles de seguidores que esperan con ansias sus próximos videos. Nerea, por otro lado, se ha convertido en una sensación de moda. Sus publicaciones sobre la última moda y tendencias de belleza atraen a cientos de miles de seguidores.

Sergio, el más joven del grupo, se siente presionado por mantenerse al día con sus amigos en línea. Trata de imitarlos publicando videos de sus trucos de skateboarding y comentarios sarcásticos. Sin embargo, a pesar de su esfuerzo, no parece estar ganando la misma cantidad de seguidores que sus amigos.

Paula, por otro lado, se ha convertido en una defensora de

los derechos de los animales en línea. A través de sus publicaciones, ha logrado recaudar fondos y concientizar sobre la crueldad hacia los animales. Se siente orgullosa de la diferencia que está haciendo en el mundo.

Sin embargo, a medida que su influencia en línea crece, también lo hace su presión por mantenerse relevantes y mantener a sus seguidores felices. Se sienten atrapados en un ciclo interminable de publicaciones y comentarios, y comienzan a preocuparse por cómo su presencia en línea está afectando su vida diaria.

Cristian se da cuenta de que está jugando menos a medida que pasa más tiempo editando y publicando videos. Nerea se siente presionada por mantener su apariencia perfecta en cada publicación. Sergio se siente inseguro de sí mismo cuando sus videos no obtienen la misma cantidad de me gusta y comentarios que los de sus amigos. Paula, aunque orgullosa de su trabajo en línea, se siente agotada por la cantidad de tiempo y esfuerzo que pone en mantener su presencia en línea.

Los personajes comienzan a darse cuenta de que su presencia en línea tiene un precio. A pesar de los beneficios, la presión constante y la necesidad de mantenerse relevantes está afectando su bienestar emocional y físico. Se preguntan si vale la pena y reflexionan sobre su relación con las redes sociales y su influencia en línea.

Los días pasaban y la influencia de las redes sociales en la vida de los protagonistas se hacía cada vez más evidente. Cristian, Nerea, Sergio y Paula empezaron a sentir la presión de mantenerse actualizados en las últimas tendencias, publicar contenido constantemente y recibir likes y comentarios en sus publicaciones.

Cristian, quien solía ser un chico tranquilo y centrado en sus estudios, ahora pasaba horas frente a la pantalla de su teléfono respondiendo a comentarios y tratando de conseguir seguidores. Su rendimiento académico empezó a disminuir y sus amigos notaron que estaba más irritable y estresado de lo normal.

Por su parte, Nerea se había convertido en una influencer popular en su ciudad. Tenía miles de seguidores y recibía constantemente ofertas de patrocinios y colaboraciones con marcas. Sin embargo, su obsesión por la perfección y la imagen pública la llevó a desarrollar trastornos alimentarios y problemas de autoestima.

Sergio, quien siempre había sido un chico alegre y sociable, empezó a sentirse más solo que nunca. A pesar de tener cientos de amigos en redes sociales, se dio cuenta de que la mayoría eran superficiales y que nadie realmente se preocupaba por él. Se sentía incomprendido y aislado, lo que le generaba una gran tristeza.

Paula, por su parte, había creado un personaje en línea que no se correspondía con su verdadera personalidad. Publicaba fotos perfectas y mostraba una vida llena de lujos y glamour, pero en realidad su vida era muy diferente. Empezó a sentirse agobiada por mantener esa fachada y temía que la gente descubriera quién era en realidad.

A medida que las cosas se complicaban en sus vidas, los cuatro amigos se preguntaban si el precio que estaban pagando por su presencia en las redes sociales valía la pena. Se sentían atrapados en una red de apariencias y superficialidad, sin saber cómo salir de ella.

Pero, a pesar de todo, seguían sintiendo la conexión que habían desarrollado en línea y eso les daba fuerzas para seguir adelante. Sabían que tenían que encontrar un equilibrio y aprender a manejar la influencia de las redes sociales en sus vidas, sin perder de vista quiénes eran en realidad.

La cima de la popularidad

Los protagonistas, a través de su constante actividad en las redes sociales y el contenido que compartían, comenzaron a ganar seguidores y a hacerse notar en línea. Cristian se destacaba por sus habilidades en los videojuegos y compartía tutoriales y trucos para otros jugadores. Nerea, por su parte, era una apasionada de la moda y la belleza, y creó un canal, en el que compartía tutoriales de maquillaje y consejos de moda. Sergio era un talentoso que comenzó a compartir sus creaciones originales en redes. Y Paula, siempre dispuesta a ayudar a los demás, creó un blog en el que compartía consejos para lidiar con problemas emocionales y personales.

Con el tiempo, su constante actividad y la calidad de su contenido les permitió ganar más seguidores y volverse más populares. Pronto, sus perfiles en redes sociales estaban llenos de comentarios positivos y admiración por su trabajo. Y aunque al principio solo compartían sus pasatiempos e intereses, pronto se dieron cuenta del poder que tenían en línea. Su influencia no solo se limitaba a lo que compartían en redes, sino que también comenzaron a tener un impacto en la vida de sus seguidores, quienes tomaban en cuenta sus opiniones y consejos.

Sin embargo, la popularidad también tuvo su precio. Los protagonistas comenzaron a sentir la presión de mantenerse relevantes y de seguir produciendo contenido de calidad. Muchas veces, tenían que sacrificar su tiempo libre y sus relaciones personales para cumplir con sus responsabilidades en línea. Además, también comenzaron a recibir críticas y comentarios negativos, y a veces incluso el acoso en línea.

Cada uno de ellos enfrentó los desafíos de manera diferente. Cristian se sintió abrumado por la presión y comenzó a distanciarse de sus amigos en línea. Nerea se obsesionó con la imagen que proyectaba en sus redes y comenzó a compararse con otros influencers, lo que la llevó a una crisis de autoestima. Sergio luchó por mantener la calidad de su contenido y comenzó a sentir que perdía la pasión que lo había llevado a comenzar su carrera en línea. Y Paula se encontró en una encrucijada, ya que quería ayudar a sus seguidores, pero no sabía cómo manejar la carga emocional que conllevaba.

Poco a poco, los protagonistas comenzaron a darse cuenta de que necesitaban encontrar un equilibrio entre su vida en línea y su vida personal. Aprendieron a establecer límites y a priorizar su bienestar emocional y mental. A pesar de los desafíos, seguirían adelante, sabiendo que su presencia en línea podría tener un impacto positivo en la vida de otros, siempre y cuando no comprometieran su propia salud y felicidad.

Los cuatro amigos estaban disfrutando de su popularidad en las redes sociales, pero pronto se dieron cuenta de que con la fama venían también las críticas y el escrutinio constante. Muchos de los seguidores que habían ganado a lo largo del tiempo eran desconocidos, y algunos de ellos se mostraban cada vez más hostiles y agresivos en sus comentarios.

Cristian, Nerea, Sergio y Paula empezaron a sentirse abrumados por la atención y las expectativas que se habían generado en torno a ellos en las redes sociales. Trataban de mantener una imagen perfecta y deseada por los demás, pero al mismo tiempo, sentían la presión de ser auténticos y honestos consigo mismos.

Un día, Nerea recibió un mensaje privado de una seguidora que le decía que admiraba su estilo de vida y que le gustaría parecerse más a ella. A pesar de que Nerea se sintió halagada, también se dio cuenta de que estaba siendo admirada por algo que no era necesariamente real o auténtico.

Esta experiencia hizo que los cuatro amigos reflexionaran sobre su presencia en las redes sociales y se preguntaran si realmente estaban siendo fieles a sí mismos y a sus valores.

Decidieron ser más honestos con sus seguidores y compartir sus luchas y vulnerabilidades, en lugar de tratar de mantener una imagen perfecta y aspiracional.

Al principio, algunos de sus seguidores reaccionaron negativamente a este cambio, pero con el tiempo, se dieron cuenta de que era más importante ser auténticos y honestos que buscar la popularidad y el éxito a toda costa. Los cuatro amigos descubrieron que la verdadera conexión y amistad surgían de ser ellos mismos y no de intentar ser alguien que no eran.

Con el tiempo, su presencia en las redes sociales se convirtió en una plataforma para compartir sus pasiones, opiniones y experiencias, en lugar de un medio para obtener reconocimiento y admiración. Aunque nunca perdieron del todo su popularidad, ya no era lo más importante para ellos, y sus amistades en línea se fortalecieron gracias a su honestidad y autenticidad.

Aprendieron que la verdadera conexión se basa en compartir lo que somos y no lo que creemos que los demás quieren ver.

Después de su experiencia en la cima de la popularidad, Cristian, Nerea, Sergio y Paula comenzaron a reflexionar sobre lo que realmente significaba la amistad y la conexión en línea. Se dieron cuenta de que la mayoría de las personas con las que habían interactuado en línea eran sólo una versión idealizada de sí mismas, una imagen cuidadosamente cultivada para atraer a más seguidores y obtener más likes y comentarios.

Pero con sus amigos en línea, la cosa era diferente. A través de las conversaciones honestas y el compartir experiencias personales, habían construido una conexión real y auténtica que se había mantenido durante años. Ya no se trataba de impresionar a los demás, sino de ser ellos mismos y aceptar a los demás tal como eran.

Aprendieron que la verdadera conexión no se basa en la popularidad, el número de seguidores o la cantidad de likes que recibes en tus publicaciones. Se trata de ser auténtico, vulnerable y estar presente para los demás, tanto en línea como fuera de línea.

Se dieron cuenta de que a veces, la persona más popular en las redes sociales puede ser la más solitaria y vacía por dentro, y que una verdadera amistad se basa en compartir quien eres realmente y no en lo que los demás quieren que seas.

Con el tiempo, Cristian, Nerea, Sergio y Paula aprendieron a ser más abiertos y auténticos en línea, compartiendo no sólo sus éxitos y logros, sino también sus fracasos y momentos difíciles. Aprendieron a estar presentes para los demás, apoyándose mutuamente en tiempos de necesidad y celebrando juntos en momentos de felicidad.

La conexión que habían construido a través de años de amistad en línea había sobrevivido a todo tipo de pruebas y tribulaciones. Se dieron cuenta de que la verdadera amistad no tiene límites ni fronteras, y que lo importante es estar ahí el uno para el otro, tanto en línea como fuera de línea.

En resumen, Cristian, Nerea, Sergio y Paula aprendieron que la verdadera conexión en línea se basa en la autenticidad, la vulnerabilidad y la presencia para los demás. Descubrieron que la popularidad no es sinónimo de amistad y que la verdadera amistad es aquella en la que puedes ser tú mismo sin miedo al rechazo o al juicio de los demás. Aprendieron a valorar la amistad en línea y a mantenerla como una parte importante de sus vidas.

El precio de la fama

Habían alcanzado la cima de la popularidad en las redes sociales. Pero, ¿a qué costo? Empezaron a darse cuenta de que la popularidad era algo difícil de mantener, y que venía con un precio.

Por un lado, habían llegado a ser conocidos por mucha gente, lo que les había dado una sensación de éxito y reconocimiento. Pero también se habían visto atrapados en un mundo de apariencias, en el que tenían que mantener una imagen que no siempre se correspondía con la realidad.

Empezaron a recibir muchas críticas y comentarios negativos, y eso empezó a afectarles emocionalmente. Se sentían juzgados constantemente, y tenían miedo de que un error o una mala decisión pudiera arruinar su reputación. En lugar de ser ellos mismos, sentían que tenían que actuar de una manera que agradara a sus seguidores.

Además, se habían vuelto adictos a las redes sociales, y pasaban mucho tiempo pegados a sus dispositivos. Esto les estaba afectando física y emocionalmente, y estaban empezando a perder la conexión con la realidad.

Cada vez se daban cuenta más de que la popularidad en las redes sociales no era realmente importante, y que lo que verdaderamente importaba era ser ellos mismos y disfrutar de la vida fuera de las pantallas.

Con el tiempo, los personajes aprendieron a aceptarse a sí mismos y a ser auténticos, independientemente de lo que pensaran los demás. Aprendieron a encontrar un equilibrio entre su vida en línea y su vida real, y se dieron cuenta de que la verdadera felicidad no se encontraba en la popularidad, sino en las relaciones auténticas y significativas.

A pesar de que aún recibían críticas y comentarios negativos, se sentían más seguros de sí mismos y sabían que esas opiniones no definían su valor como personas.

En definitiva, descubrieron que el precio de la popularidad en las redes sociales no merecía la pena, y que lo importante era ser auténticos consigo mismos y disfrutar de las conexiones reales que habían establecido a lo largo de los años.

A medida que ganaban seguidores y likes, también descubrían la cantidad de trabajo y esfuerzo que se requería para mantenerse en la cima. Se encontraron trabajando horas extras para tomar la foto perfecta o crear el post más atractivo.

Pero, incluso cuando lograron el éxito en línea, se sintieron vacíos. A pesar de que sus seguidores los adoraban, se dieron cuenta de que muchos de ellos no conocían su verdadera personalidad. Los comentarios y los mensajes a menudo se centraban en la imagen que proyectaban en lugar de en lo que eran realmente.

Cristian recordó una vez que publicó una foto en la que estaba en un concierto que no le gustaba, solo porque sabía que a sus seguidores les gustaría. Recibió muchos likes y comentarios, pero luego se sintió mal consigo mismo porque estaba fingiendo ser alguien que no era.

Nerea tuvo una experiencia similar cuando comenzó a recibir regalos de marcas que la contactaban a través de sus redes sociales. Al principio se emocionó y publicó fotos con los productos, pero luego se sintió incómoda porque no estaba promocionando algo que realmente le gustaba o usaba, sino simplemente lo que le pagaban para publicar.

Sergio, que tenía muchos seguidores debido a su talento, comenzó a sentir que no podía dejar de publicar por miedo a decepcionar a sus seguidores. Pasaba horas y horas en línea, lo que afectaba su salud mental y su vida social.

Paula también se dio cuenta de que la popularidad en línea no lo era todo cuando comenzó a recibir mensajes ofensivos y comentarios negativos por parte de trolls y haters. Se sintió afectada por el odio y la negatividad, y llegó a cuestionar su valor como persona.

Todos ellos comenzaron a darse cuenta de que la verdadera conexión y el sentido de comunidad no se encontraban en la popularidad en línea, sino en la autenticidad y la honestidad. Se dieron cuenta de que no querían fingir ser alguien que no eran, solo para obtener likes y seguidores. En lugar de eso, decidieron ser fieles a sí mismos y compartir lo que realmente les importaba.

Sergio había estado publicando contenido provocador y controversial en sus redes sociales para ganar seguidores y aumentar su popularidad. Pero pronto se dio cuenta de que ese comportamiento estaba alienando a sus verdaderos amigos y le estaba ganando más enemigos que seguidores.

Paula, por otro lado, se había convertido en una "influencer" en línea y estaba siendo constantemente bombardeada con comentarios hirientes y críticas negativas en su contenido, lo que le estaba causando mucha ansiedad y estrés.

Nerea también había tenido algunos problemas en línea. Un usuario anónimo había estado acosándola y enviándole mensajes abusivos. Al principio, ella trató de ignorarlo, pero después de varios días, el acoso se volvió tan insoportable que tuvo que bloquear al usuario y cambiar sus ajustes de privacidad.

Cristian, por otro lado, había sido víctima de una estafa en línea. Un hacker logró obtener acceso a su cuenta de redes sociales y comenzó a enviar mensajes maliciosos en su nombre. Afortunadamente, Cristian logró recuperar su cuenta a tiempo y cambió todas sus contraseñas para evitar futuros ataques.

Estas situaciones desagradables les hicieron reflexionar sobre el precio de la popularidad en línea y se dieron cuenta de que no valía la pena sacrificar su seguridad, bienestar emocional y relaciones verdaderas por conseguir seguidores o likes en las redes sociales.

Detrás de la pantalla.

A medida que los personajes continúan interactuando en las redes sociales, comienzan a darse cuenta de que la línea entre su vida pública y privada se está difuminando. Comienzan a compartir más y más sobre sus vidas personales, ya sea a través de publicaciones en redes sociales o mensajes privados, y descubren que esta aparente conexión con los demás tiene un costo.

Paula, por ejemplo, comienza a publicar fotos de sus vacaciones y eventos importantes en su vida. Pero después de un tiempo, se da cuenta de que la gente en línea no solo está interesada en sus experiencias, sino también en su apariencia. Paula se siente presionada para publicar fotos cada vez más perfectas y elaboradas, y se da cuenta de que está perdiendo su sentido de identidad.

Sergio también se enfrenta a problemas en línea. Un día, comparte una publicación sobre sus creencias políticas, solo para descubrir que algunos de sus seguidores no están de acuerdo. Pronto, una discusión en línea se convierte en una batalla verbal, y Sergio se siente atacado y malinterpretado. Comienza a preguntarse si compartir sus opiniones en línea vale la pena, si solo va a causar conflictos y divisiones.

Nerea también tiene problemas con la privacidad en línea. En un momento de debilidad, comparte información personal con alguien que pensaba que era un amigo en línea, solo para descubrir que esta persona la ha estado espiando y acechando. Se siente vulnerable y asustada, y se da cuenta de que no siempre puede confiar en las personas que conoce en línea.

Cristian también se enfrenta a problemas de privacidad. Un día, un antiguo amigo de la escuela lo encuentra en línea y comienza a enviarle mensajes privados. Cristian se siente abrumado y acosado, y se da cuenta de que la exposición en línea puede tener consecuencias inesperadas.

Siempre había sido muy abierto en línea, compartiendo sus pensamientos y emociones con sus amigos en las redes sociales. Pero cuando comenzó a recibir mensajes de extraños que intentaban averiguar más sobre su vida privada, comenzó a sentirse incómodo. Un día, recibió un mensaje de alguien que había descubierto su dirección y comenzó a enviarle regalos a su casa. Se dio cuenta de que había perdido el control sobre su privacidad y que la exposición en línea había dejado su vida personal en manos de extraños.

Por su parte, Nerea había estado en una relación a distancia con alguien que conoció en las redes sociales durante más de un año. Aunque se habían visto en persona varias veces, ella aún no estaba segura de cuánto sabía sobre él. Cuando la relación terminó repentinamente, se dio cuenta de que había compartido mucho sobre su vida privada con alguien que no conocía realmente. Se sintió vulnerable y decidió ser más cuidadosa en el futuro sobre con quién compartía información personal.

Sergio había publicado una foto en línea con su tarjeta de crédito en primer plano sin darse cuenta. Fue una lección costosa cuando se dio cuenta de que alguien había usado la información para hacer compras en línea. Después de cancelar su tarjeta y recuperar el dinero, se dio cuenta de que la exposición en línea también venía con el riesgo de fraude y robo de identidad.

Finalmente, Paula había sido acosada en línea por alguien que la había encontrado en las redes sociales. La persona había estado enviándole mensajes amenazantes y había creado cuentas falsas para difamarla en línea. Paula se sintió insegura y preocupada por su seguridad, y se dio cuenta de que la exposición en línea también venía con el riesgo de acoso y violencia.

Se dieron cuenta de que la vida privada es importante y que la verdadera conexión no depende de la cantidad de información personal que compartimos en línea. Decidieron ser más cuidadosos con su privacidad y limitar la cantidad de información personal que compartían en línea. También decidieron ser más selectivos con sus amigos en línea y asegurarse de que confiaban en las personas con las que compartían información personal.

Cristian comenzó a notar que cada vez que compartía información personal en línea, sentía cierta ansiedad y temor de que pudiera ser utilizada en su contra.

Nerea, por su parte, compartió una foto de su nueva casa en línea y recibió varios comentarios de extraños sobre la ubicación y detalles de la propiedad. Se sintió incómoda por la idea de que extraños conocieran tanto sobre su vida privada.

Sergio compartió en línea detalles sobre su vida amorosa, incluyendo fotos y publicaciones sobre su novia. Cuando rompieron, se sintió vulnerable y expuesto por haber compartido tanto en línea.

Paula, por su parte, compartió una publicación sobre su enfermedad y recibió comentarios insensibles e inapropiados. Se dio cuenta de que la exposición en línea también puede ser peligrosa para nuestra salud mental y emocional.

Después de todas estas situaciones, los cuatro amigos comenzaron a ser más cuidadosos con la información que compartían en línea. Empezaron a pensar dos veces antes de publicar fotos o detalles de su vida personal y se volvieron más selectivos con los amigos que agregaban a sus redes sociales.

A medida que pasaba el tiempo, los personajes se dieron cuenta de que la privacidad en línea no solo era importante para proteger su propia información, sino también para proteger a aquellos que los rodean. Comprendieron que la información compartida en línea podía afectar a amigos, familiares y colegas, y que era importante ser responsables con lo que compartían en las redes sociales.

Además, los personajes se dieron cuenta de que la verdadera conexión entre ellos no dependía de la cantidad de información personal que compartían en línea. A pesar de ser más selectivos con lo que compartían en las redes sociales, la amistad entre ellos seguía siendo fuerte. Se dieron cuenta de que compartir quiénes eran realmente, en lugar de solo lo que creían que los demás querían ver, era lo que les permitía conectarse verdaderamente.

Con el tiempo, los personajes aprendieron a valorar la privacidad y la autenticidad en línea. Se dieron cuenta de que la popularidad en las redes sociales no era tan importante como la conexión genuina con los demás y que la verdadera amistad no dependía de la cantidad de "me gusta" o seguidores que tenían.

A medida que continuaron navegando en el mundo en línea, se convirtieron en modelos a seguir para aquellos que los rodeaban. Compartieron su experiencia y conocimientos con otros, y ayudaron a guiarlos hacia una vida en línea más auténtica y privada.

En última instancia, los personajes aprendieron que las

redes sociales son una herramienta poderosa, pero también requieren una gran responsabilidad y cuidado. A través de su experiencia, aprendieron a equilibrar la conexión y la privacidad en línea, y descubrieron que la verdadera amistad y conexión dependen de la autenticidad y la honestidad.

Corazones en el ciberespacio.

Cristian y Nerea comenzaron su relación gracias a las redes sociales. Se conocieron en un grupo de fans de una banda de música y desde entonces no dejaron de hablar. A través de las redes sociales, pudieron conocerse mejor y descubrieron que tenían muchos intereses en común.

Sin embargo, con el paso del tiempo, las redes sociales comenzaron a ser un problema para ellos. Nerea se enfadaba cuando Cristian no respondía a sus mensajes de inmediato, y Cristian se sentía agobiado por tener que estar conectado constantemente para no hacerla sentir mal.

Sergio y Paula también tuvieron problemas en su relación debido a las redes sociales. Paula se sentía celosa cuando Sergio pasaba mucho tiempo en línea y se enfadaba cuando veía que interactuaba con otras chicas en las redes. Sergio, por su parte, se sentía controlado y no entendía por qué no podía tener amigas en línea sin que esto afectara a su relación.

Pero no todo fue negativo. Las redes sociales también les permitieron mantener su relación a distancia cuando se separaron por motivos de trabajo o estudios. Pudieron comunicarse y compartir su día a día gracias a la tecnología, lo que les ayudó a mantenerse unidos.

En cuanto a las anécdotas, un día Cristian y Nerea decidieron hacer una prueba para ver si eran capaces de desconectar de las redes sociales durante una semana entera. Al principio les costó un poco, pero pronto descubrieron que era liberador no estar pendientes del móvil todo el tiempo y que podían disfrutar de otras cosas juntos sin distracciones.

Sergio y Paula, por su parte, tuvieron una discusión en línea que se volvió pública y que les hizo sentirse muy incómodos y expuestos. Aprendieron la lección y se dieron cuenta de que es importante mantener cierta privacidad y discreción en línea, especialmente en temas personales y de pareja.

En resumen, las redes sociales pueden afectar tanto positiva como negativamente a las relaciones amorosas. Es importante establecer límites y no depender demasiado de la tecnología para comunicarse y mantener la conexión en una relación. La confianza, el respeto y la privacidad son fundamentales para mantener una relación sana y duradera.

Después de darse cuenta del impacto que las redes sociales estaban teniendo en sus relaciones, los protagonistas decidieron trabajar juntos para superar los problemas que habían surgido. Empezaron por tener conversaciones honestas y abiertas sobre sus sentimientos y preocupaciones, y se comprometieron a no permitir que las redes sociales interfirieran en su relación.

Una de las cosas que hicieron fue limitar la cantidad de tiempo que pasaban en línea y ser más selectivos en cuanto a quiénes seguían y qué tipo de contenido consumían.

También establecieron límites en cuanto a la información personal que compartían en línea, para proteger su privacidad y su relación.

Además, se apoyaron mutuamente en momentos difíciles y trabajaron juntos para fortalecer su conexión en la vida real, más allá de las redes sociales. Compartieron actividades y hobbies juntos, y se aseguraron de pasar tiempo de calidad juntos sin distracciones digitales.

Con el tiempo, su relación mejoró y se fortaleció, y aprendieron a manejar mejor el impacto que las redes sociales tenían en sus vidas. Se dieron cuenta de que lo importante era la conexión real que tenían entre ellos, y no la cantidad de seguidores o likes que tuvieran en línea.

Después de varios meses juntos, Cristian y Nerea habían aprendido a confiar el uno en el otro y a compartir sus vidas de una manera más profunda. Pero a pesar de todo lo que habían superado juntos, todavía había momentos en los que las redes sociales seguían siendo una fuente de tensión.

Una noche, mientras estaban cenando en un restaurante, Nerea notó que Cristian estaba revisando su teléfono constantemente. "¿Pasa algo?", preguntó ella.

"No, nada importante", respondió Cristian sin levantar la mirada de su teléfono.

Nerea sabía que eso no era verdad. Podía ver la tensión en los hombros de Cristian y la forma en que su mandíbula estaba tensa. "¿Qué está pasando, Cristian?", insistió ella.

Cristian suspiró. "Es solo que he estado recibiendo algunos mensajes de una ex novia que no para de escribirme. Me está haciendo sentir incómodo".

Nerea sintió una punzada de celos y desconfianza, pero también sabía que Cristian no había hecho nada malo. "¿Quieres que te ayude a responderle?", ofreció ella.

Cristian asintió agradecido y le pasó el teléfono a Nerea. Juntos, escribieron una respuesta amable pero firme a la ex novia de Cristian, dejando en claro que ya no estaba interesado en retomar su relación. Después de enviar el mensaje, se sintió aliviado y agradecido por la ayuda de Nerea.

Más tarde esa noche, mientras caminaban por el parque, Cristian le dijo a Nerea: "Gracias por estar ahí para mí. Sé que a veces puedo ser un poco torpe con estas cosas".

Nerea sonrió y le dio un beso en la mejilla. "No tienes por qué agradecerme. Estamos juntos en esto".

Cristian tomó la mano de Nerea y juntos continuaron caminando bajo las estrellas, sabiendo que su amor era más fuerte que cualquier cosa que las redes sociales pudieran lanzar en su camino.

Una tarde de sábado, Sergio y Paula estaban en casa viendo una película juntos. Mientras veían la película, en el teléfono de Paula no dejaban de sonar notificaciones.

Sergio notó que Paula estaba constantemente revisando su teléfono y decidió preguntarle si todo estaba bien.

"¿Todo está bien, Paula? ¿Estás esperando un mensaje importante?", preguntó Sergio.

"No, no es nada importante, solo algunas notificaciones en las redes", respondió Paula.

Sergio notó que Paula estaba cada vez más distraída y que no estaba disfrutando de la película. Decidió que era el momento adecuado para hablar sobre su relación y la influencia de las redes sociales en ella.

"Sabes, Paula, últimamente he notado que las redes sociales están ocupando mucho de nuestro tiempo juntos", dijo Sergio. "Me preocupa que estemos perdiendo la conexión que tenemos en la vida real".

Paula se detuvo por un momento y reflexionó sobre lo que Sergio acababa de decir.

"Tienes razón, Sergio. Me he estado obsesionando con las redes sociales y me he olvidado de lo importante que es nuestra relación. Prometo poner más atención en nuestro tiempo juntos", dijo Paula.

Sergio sonrió y tomó la mano de Paula.

"Lo importante es que estamos juntos y que nuestra conexión es real y auténtica, no importa lo que digan las redes sociales", dijo Sergio.

Paula asintió y apagó su teléfono. Juntos, disfrutaron de la película y de su tiempo juntos sin distracciones externas.

Amistades falsas.

Cristian, Nerea, Sergio y Paula habían aprendido muchas lecciones sobre las redes sociales y cómo éstas podían afectar a sus relaciones personales. Sin embargo, pronto descubrieron que las redes sociales también podían crear amistades tóxicas.

Cristian conoció a un chico llamado Marco en línea. Marco parecía muy simpático y divertido al principio, y Cristian disfrutaba hablando con él en las redes sociales. Sin embargo, con el tiempo, Cristian comenzó a notar que Marco era muy celoso y posesivo, y se enfadaba si Cristian hablaba con otros amigos en línea.

Nerea, por su parte, había estado hablando con una chica llamada Lucía durante unos meses. Lucía parecía ser una buena amiga al principio, pero Nerea comenzó a sentirse incómoda cuando Lucía comenzó a pedirle constantemente que le diera likes y comentarios en sus publicaciones en línea. Nerea se sentía presionada para demostrar su amistad en línea, incluso si no se sentía cómoda haciéndolo.

Sergio y Paula también tuvieron problemas con una amiga en línea llamada Laura. Laura era muy crítica y negativa en línea, y siempre parecía estar en desacuerdo con Sergio y Paula en las redes sociales. Esto causaba tensiones en su amistad y hacía que Sergio y Paula se sintieran incómodos compartiendo cosas en línea.

Poco a poco, los cuatro amigos se dieron cuenta de que estas amistades tóxicas no eran saludables y comenzaron a distanciarse de ellas. Se dieron cuenta de que la verdadera amistad no dependía de la cantidad de likes o comentarios en línea, sino de la conexión real y el apoyo mutuo en la vida real. Aprendieron a ser más selectivos en línea y a rodearse de personas que les hacían sentir bien y les apoyaban.

Después de la experiencia con sus amistades tóxicas en las

redes sociales, Cristian, Nerea, Sergio y Paula se dieron cuenta de que debían hacer algunos cambios en su vida en línea. Aprendieron que la popularidad en línea no siempre se traducía en amistades reales y significativas, y que las dinámicas tóxicas en línea podían ser perjudiciales para su bienestar emocional.

A medida que se alejaban de las amistades tóxicas en línea, los protagonistas comenzaron a experimentar una mayor sensación de bienestar emocional y una mayor satisfacción en sus relaciones reales.

Una vez, Cristian se encontró en una situación difícil en su vida personal y decidió publicar en sus redes sociales lo que estaba pasando, esperando recibir apoyo de sus amigos en línea. Sin embargo, en lugar de recibir mensajes de apoyo, recibió comentarios negativos y críticas que lo hicieron sentir aún peor.

Frustrado y decepcionado, decidió hablar con Nerea, quien le recordó que la verdadera amistad se trata de apoyarse mutuamente en los buenos y malos momentos, y que las redes sociales no siempre son el mejor lugar para buscar ayuda y apoyo emocional. Juntos, hablaron sobre la importancia de establecer límites saludables en su uso de las redes sociales y de ser más selectivos en línea, centrándose en cultivar relaciones significativas y genuinas en su vida real.

De esta manera, aprendieron que la verdadera amistad no depende de la popularidad en línea, sino de la conexión real y el apoyo mutuo en la vida real, y que es importante establecer límites saludables en el uso de las redes sociales para proteger su bienestar emocional.

Un día, Nerea se encontraba pasando por un momento difícil en su vida personal. En lugar de publicar en línea sobre lo que estaba sucediendo, decidió hablar con sus amigos en persona y compartir sus sentimientos con ellos. Cristian, Sergio y Paula la escucharon atentamente y le brindaron su apoyo emocional, lo que hizo que Nerea se sintiera valorada y amada.

Nerea se dio cuenta de que la verdadera conexión y apoyo emocional no se encontraba en las redes sociales, sino en las relaciones genuinas que había cultivado en su vida real. Los cuatro amigos se dieron cuenta de que habían estado buscando la validación en línea en lugar de centrarse en las relaciones que realmente importaban. Aprendieron a ser más conscientes de sus hábitos en línea y a valorar su bienestar emocional por encima de la popularidad en línea.

Desde ese día, los cuatro amigos se enfocaron en cultivar relaciones significativas y auténticas en su vida real, y en establecer límites saludables en su uso de las redes sociales.

A menudo, las personas se sienten presionadas para mantener una presencia constante en línea, lo que puede hacer que descuiden sus relaciones personales en la vida real.

Los protagonistas de esta historia aprenden que la popularidad en línea y el número de seguidores no son indicadores verdaderos de una amistad significativa. En lugar de eso, se dan cuenta de que la verdadera amistad se trata de apoyarse mutuamente en los buenos y malos momentos y de estar presentes el uno para el otro.

El discurso del odio.

Cristian, Nerea, Sergio y Paula, seguían navegando por las redes sociales, pero ahora lo hacían con un enfoque más crítico. En su búsqueda por construir relaciones más saludables y positivas, habían comenzado a darse cuenta de la cantidad de discursos de odio y discriminación que se presentaban en línea.

Cada vez más, veían cómo comentarios ofensivos y perjudiciales eran normalizados y perpetuados por la libertad de expresión en línea. Comenzaron a sentirse incómodos al ver cómo se discriminaba a ciertos grupos de personas por su raza, género, religión u orientación sexual. Se dieron cuenta de que la libertad de expresión tenía límites y que no debería ser utilizada para difundir mensajes de odio o discriminación.

Pronto, se encontraron con amigos que compartían su opinión y juntos comenzaron a hablar sobre el tema. Se dieron cuenta de que, aunque la libertad de expresión era importante, también había una responsabilidad asociada con ella. Decidieron ser más conscientes de lo que compartían en línea y de cómo podían afectar a los demás. Aprendieron a hablar en contra de los discursos de odio y a promover el respeto y la inclusión en línea.

Con el tiempo, se dieron cuenta de que no estaban solos en esta lucha. Había muchas personas en línea que también estaban trabajando para detener la discriminación y el odio. Aprendieron a buscar y seguir a personas que promovían el respeto y la igualdad y a apoyar a aquellos que luchaban por los derechos de los demás. Se sintieron motivados para ser parte de un cambio positivo en línea y en el mundo real.

Se sintieron cada vez más preocupados por el impacto negativo que esto podría tener en la sociedad y en la vida de las personas que eran objeto de discriminación.

Un día, mientras navegaban por sus perfiles en línea, se dieron cuenta de que podían marcar la diferencia al ser parte del cambio en la lucha contra los discursos de odio y la discriminación. Comenzaron a investigar y a aprender más sobre el tema, y se unieron a grupos y organizaciones en línea que trabajaban por la inclusión y el respeto en línea.

Juntos, crearon contenido en sus perfiles en línea para difundir mensajes de amor, inclusión y respeto. Utilizaron sus redes sociales como una plataforma para promover la igualdad y la justicia social, y para crear conciencia sobre el impacto negativo que los discursos de odio pueden tener en las personas y en la sociedad en general.

Con el tiempo, más y más personas se unieron a su causa y comenzaron a compartir sus mensajes de inclusión y respeto en línea. Se dieron cuenta de que podían ser parte del cambio y hacer una diferencia positiva en el mundo a través de sus acciones en línea.

A medida que su movimiento crecía, también crecía su

compromiso con la lucha contra la discriminación y los discursos de odio en línea. Continuaron trabajando duro para promover la inclusión y el respeto en línea, y se sintieron orgullosos de ser parte de una comunidad en línea que estaba haciendo la diferencia en el mundo.

Trabajando arduamente para promover la inclusión y el respeto en línea, conscientes de que su trabajo aún no había terminado. Para ellos, era importante asegurarse de que su mensaje de amor y respeto llegara a tantas personas como fuera posible.

Cristian y Nerea crearon un grupo en línea llamado "Amigos por la inclusión", donde podían compartir sus experiencias y ofrecer apoyo a otros que también estaban luchando contra la discriminación en línea. Sergio y Paula se unieron a ellos en este esfuerzo, y juntos trabajaron para difundir el mensaje de inclusión en línea.

Organizaron campañas en línea para fomentar la empatía y la comprensión, y compartieron mensajes inspiradores y positivos para contrarrestar el odio y la negatividad que a veces se propagaban en línea. También trabajaron para educar a otros sobre el impacto que las palabras pueden tener en línea y cómo pueden herir a otros sin que se den cuenta.

Con el tiempo, su trabajo comenzó a dar sus frutos. Recibieron mensajes de apoyo y gratitud de personas de todo el mundo, y se sintieron inspirados para seguir adelante. Sabían que aún había mucho trabajo por hacer, pero se sintieron orgullosos de ser parte de una comunidad en línea que estaba haciendo la diferencia en el mundo.

Finalmente, se dieron cuenta de que la inclusión y el respeto en línea eran posibles, y que podían marcar la diferencia en la vida de las personas. Aprendieron que incluso una pequeña acción puede tener un gran impacto, y que cuando se unen y trabajan juntos, pueden lograr cosas maravillosas.

A medida que continuaron trabajando juntos, Cristian,

Nerea, Sergio y Paula también se dieron cuenta de que la educación y la conciencia eran claves para combatir los discursos de odio y la discriminación en línea. Decidieron crear una serie de publicaciones en línea que abordaran temas como la diversidad, la inclusión y la igualdad, y las compartieron en sus perfiles de redes sociales y en grupos en línea.

Estas publicaciones fueron muy bien recibidas por su comunidad en línea, y pronto comenzaron a recibir mensajes de personas que se sentían inspiradas por sus mensajes y querían unirse a ellos en su misión de promover la inclusión y el respeto en línea. Juntos, organizaron eventos en línea, como charlas y discusiones en vivo, para educar a su comunidad sobre temas importantes y crear un espacio seguro para compartir ideas y opiniones.

A medida que su comunidad en línea crecía, Cristian, Nerea, Sergio y Paula se sintieron más motivados que nunca para continuar trabajando en su misión de crear un espacio en línea inclusivo y respetuoso. Aprendieron que cada uno de ellos tenía un papel importante que desempeñar en la lucha contra los discursos de odio y la discriminación, y que juntos podían marcar la diferencia en el mundo.

Con el tiempo, la comunidad en línea que habían construido había crecido significativamente. Habían logrado atraer a personas de todas partes del mundo que compartían su visión de un espacio en línea seguro y respetuoso. Habían organizado campañas de concientización y habían trabajado con otras organizaciones para promover la inclusión y la igualdad en línea.

Cristian, Nerea, Sergio y Paula se dieron cuenta de que lo que habían logrado era mucho más que una simple comunidad en línea. Habían creado un movimiento que estaba cambiando la forma en que las personas interactuaban en línea y estaban haciendo la diferencia en el mundo real. Se sentían orgullosos de su trabajo y sabían que habían encontrado un propósito significativo en su vida.

A medida que el tiempo pasaba, continuaron trabajando

arduamente para promover la inclusión y el respeto en línea, y su comunidad siguió creciendo. A través de su trabajo, habían demostrado que la libertad de expresión no tenía que significar discurso de odio y discriminación. Habían demostrado que era posible crear un espacio en línea seguro y respetuoso en el que las personas pudieran conectarse y compartir ideas sin temor a ser juzgadas o discriminadas.

Con su trabajo, habían marcado una diferencia real en el mundo, y sabían que seguirían luchando por un futuro en línea más inclusivo y respetuoso para todos.

La comunidad en línea de Cristian, Nerea, Sergio y Paula se siguió expandiendo y se convirtió en una red de personas comprometidas con la promoción de la inclusión y el respeto en línea.

Juntos, crearon una organización sin fines de lucro que se dedicaba a educar a las personas sobre la importancia de la tolerancia y la empatía en línea, y a proporcionar recursos y apoyo a aquellos que habían sido víctimas de discursos de odio y discriminación en línea.

La organización creció rápidamente y tuvo un impacto significativo en la comunidad en línea. Fueron invitados a hablar en conferencias y eventos sobre la importancia de la inclusión y el respeto en línea, y su mensaje se difundió ampliamente a través de las redes sociales y los medios de comunicación.

Cristian, Nerea, Sergio y Paula se sintieron orgullosos de lo que habían logrado y de la comunidad que habían construido. Aprendieron que, aunque las redes sociales pueden ser un lugar difícil y a veces negativo, también pueden ser una herramienta poderosa para promover el cambio y hacer una diferencia positiva en el mundo.

Vulnerabilidad expuesta.

Con el paso del tiempo, la comunidad en línea de Cristian, Nerea, Sergio y Paula continuó creciendo y trabajando arduamente para promover la inclusión y el respeto en línea. Sin embargo, se dieron cuenta de que muchos jóvenes estaban lidiando con problemas emocionales y psicológicos relacionados con la exposición en las redes sociales.

Se abordó la vulnerabilidad de los jóvenes y cómo la exposición constante en las redes sociales podía exacerbar los sentimientos de inseguridad y ansiedad. Cristian, Nerea, Sergio y Paula recordaron sus propias luchas con la autoestima y la aceptación en línea, y se sintieron motivados para hacer algo al respecto.

Decidieron crear una serie de publicaciones y videos en línea que promovían la autoaceptación y la autoestima positiva entre los jóvenes. Compartieron historias personales de sus propias luchas y cómo habían aprendido a amarse a sí mismos y a aceptarse tal como eran. También animaron a sus seguidores a ser más conscientes de su uso de las redes sociales y a establecer límites saludables para evitar la comparación constante con otros.

Los cuatro amigos se sorprendieron por la respuesta positiva de su comunidad en línea, especialmente de los jóvenes que habían estado lidiando con problemas emocionales relacionados con las redes sociales. Recibieron mensajes de agradecimiento de jóvenes que habían sido inspirados para amarse a sí mismos y dejar de buscar validación en línea.

Cristian, Nerea, Sergio y Paula se sintieron gratificados por poder ayudar a los jóvenes a sentirse más seguros y seguras de sí mismos, y se comprometieron a seguir trabajando arduamente para promover la inclusión y el respeto en línea y en la vida real.

Sergio comenzó a contar su propia historia, recordando cómo había luchado con la baja autoestima y la inseguridad cuando era más joven. Él había estado obsesionado con su apariencia física y siempre se comparaba con otras personas en las redes sociales. Pero con el tiempo, aprendió a amarse a sí mismo y a aceptarse tal como era. Descubrió que su valor como persona no estaba determinado por la cantidad de seguidores o likes que tenía en línea, sino por su carácter y sus acciones en la vida real.

Paula también compartió su historia, hablando sobre cómo había sido intimidada en la escuela por no encajar en los estereotipos tradicionales de género. Había luchado con la ansiedad y la depresión, y había buscado consuelo en las redes sociales. Pero se dio cuenta de que pasar demasiado tiempo en línea la hacía sentir aún más aislada y sola. Aprendió a valorarse a sí misma por sus habilidades y personalidad, y no por cómo se veía o cómo se comparaba con otras personas en línea.

Nerea también compartió su experiencia, hablando sobre

cómo había lidiado con la presión de ser una influencer en las redes sociales. Había sentido la necesidad de mantener una imagen perfecta en línea y de obtener la aprobación de sus seguidores, pero se dio cuenta de que esto no era sostenible a largo plazo. Aprendió a ser más auténtica y honesta consigo misma y con sus seguidores, y se sintió más libre y feliz al hacerlo.

Cristian también habló sobre sus luchas con la inseguridad y la autoestima, especialmente cuando se trataba de su habilidad para el canto y la música. Pero con el apoyo de sus amigos y familiares, y al enfocarse en su amor por la música en lugar de en la opinión de los demás, había encontrado la confianza para perseguir sus sueños y alcanzar el éxito en su carrera musical.

Juntos, los cuatro amigos se dieron cuenta de que la vulnerabilidad era algo que todos experimentaban en algún momento de sus vidas, y que la exposición en línea podía exacerbar esas emociones. Pero también aprendieron que al apoyarse mutuamente y al valorar su propia autoestima y bienestar emocional por encima de la opinión de los demás, podían superar las luchas y vivir vidas felices y plenas.

Después de compartir sus historias y experiencias personales, Cristian, Nerea, Sergio y Paula se dieron cuenta de que muchas otras personas también enfrentaban problemas similares. Se sintieron motivados para hacer algo al respecto y utilizar su plataforma en línea para ayudar a otros jóvenes que podrían estar luchando con la inseguridad y la vulnerabilidad en las redes sociales.

Comenzaron a compartir consejos y estrategias para fomentar la autoestima y la aceptación personal en línea, y también hablaron sobre la importancia de buscar ayuda profesional si se enfrentaban a problemas más graves. También se conectaron con organizaciones sin fines de lucro que se enfocaban en la salud mental y la autoaceptación de los jóvenes, y comenzaron a colaborar con ellos para crear una comunidad de apoyo en línea.

A través de su trabajo en línea, Cristian, Nerea, Sergio y

Paula pudieron llegar a muchas personas y marcar la diferencia en la vida de muchos jóvenes que enfrentan problemas similares. Su compromiso y dedicación inspiraron a otros a hablar sobre sus propias luchas y buscar ayuda cuando la necesitaban. Juntos, estaban creando un movimiento que estaba cambiando la forma en que los jóvenes interactuaban en línea y fomentando la aceptación y el respeto mutuo.

Estas son algunas estrategias y consejos que pueden ayudar a fomentar la autoestima y la aceptación personal en línea:

Sé consciente de lo que ves en línea: Es importante reconocer que las personas en las redes sociales a menudo publican la mejor versión de sí mismos. No te compares con las imágenes perfectas y los logros aparentes de otros, ya que no son una representación completa de sus vidas.

Practica la autenticidad: En lugar de tratar de ser alguien que no eres, practica la autenticidad y muéstrate tal como eres. Esto te permitirá conectarte con personas que valoran y aprecian tu verdadero yo.

Sé amable contigo mismo/a: Trátate con la misma amabilidad y compasión que le darías a un amigo cercano. No te culpes por tus errores o fallas, en lugar de eso, enfócate en aprender y crecer.

Encuentra tu comunidad en línea: Busca grupos en línea que compartan tus intereses y valores. Estos grupos pueden ser un lugar seguro y de apoyo donde puedas compartir tus pensamientos y sentimientos.

Limita tu tiempo en línea: Es importante establecer límites saludables en cuanto al tiempo que pasas en línea. No dejes que las redes sociales te controlen y dedica tiempo a otras actividades que te hagan sentir bien.

Pide ayuda si la necesitas: Si estás luchando con problemas de autoestima y aceptación personal, no tengas miedo de pedir ayuda. Busca apoyo en amigos, familiares o un profesional de la salud mental que pueda guiarte en tu camino hacia la sanación y la aceptación personal.

Yo, mi influencer

Los peligros en la red.

Después de haber pasado por tantas experiencias positivas y haber aprendido a lidiar con los desafíos de las redes sociales, los protagonistas se sentían más confiados y seguros en línea. Sin embargo, pronto se dieron cuenta de que aún había peligros y amenazas ocultas detrás de la aparente seguridad y privacidad de las redes sociales.

Uno de los amigos de Cristian, un joven llamado Marcos, se había hecho amigo de alguien en línea que parecía ser una chica de su edad. Habían estado hablando durante varios meses, compartiendo fotos y detalles personales de sus vidas. Pero un día, Marcos se dio cuenta de que en realidad estaba hablando con un hombre mayor que había estado fingiendo ser una chica para manipularlo.

Los amigos de Marcos y los protagonistas se dieron cuenta

de que era importante tener cuidado con las personas que conocían en línea y no compartir demasiada información personal con extraños. También se aseguraron de hablar con Marcos sobre lo que había sucedido y ofrecerle apoyo emocional durante este momento difícil.

Además, también se enfrentaron a otros peligros en línea, como el acoso cibernético y el robo de identidad.

Tuvieron una experiencia muy difícil cuando uno de ellos recibió un mensaje amenazador de un desconocido en línea. La persona detrás del mensaje había estado siguiendo a su amigo en las redes sociales y había estado comentando en sus publicaciones de manera inapropiada y acosadora durante varios días.

Al principio, el amigo no tomó en serio los comentarios y pensó que solo era alguien intentando llamar su atención. Pero cuando recibió un mensaje directo amenazante, se asustó y decidió buscar ayuda. Los personajes trabajaron juntos para ayudar a su amigo a denunciar el comportamiento y a bloquear al acosador en todas sus cuentas en línea.

A partir de esa experiencia, los personajes aprendieron la importancia de tomar en serio cualquier comportamiento inapropiado en línea y de buscar ayuda si se sienten amenazados o incómodos. También aprendieron la importancia de proteger su privacidad en línea y de establecer límites saludables en su interacción en línea con extraños.

En resumen, a pesar de las muchas ventajas que las redes sociales pueden ofrecer, también hay peligros significativos que debemos tener en cuenta. Los protagonistas de nuestra historia aprendieron la importancia de ser conscientes y cuidadosos al interactuar en línea y de estar preparados para hacer frente a los desafíos que puedan surgir.

Además, también se dieron cuenta de que las redes sociales podían ser un lugar para la propagación de noticias falsas y desinformación, lo que podía ser peligroso en situaciones como la pandemia mundial en curso.

Para combatir estos peligros, los personajes comenzaron a ser más cuidadosos en su uso de las redes sociales. Empezaron a verificar la información antes de compartirla y a denunciar los mensajes de odio y discriminación que veían en línea.

También empezaron a ser más conscientes de los riesgos de compartir información personal en línea y comenzaron a establecer límites claros en cuanto a la cantidad de información que compartían.

A medida que se hacían más conscientes de los peligros de las redes sociales, comenzaron a fomentar el uso responsable de las mismas en su comunidad en línea. Promovieron la educación en línea y la alfabetización digital para ayudar a otros a identificar y evitar los peligros en línea.

En general, aprendieron que aunque las redes sociales pueden ser una herramienta poderosa para la conexión y la comunicación, también pueden ser peligrosas si se usan de manera irresponsable o sin precaución. Por lo tanto, es importante ser consciente de los peligros y tomar medidas para protegerse a uno mismo y a los demás.

Aquí algunos consejos de como tomar medidas para protegerse en línea:

Protege tu información personal: Evita compartir información personal, como tu dirección o número de teléfono, en línea. Mantén tu información personal en privado y asegúrate de que tus perfiles de redes sociales estén configurados de manera adecuada para evitar que extraños accedan a tu información.

Sé consciente de los peligros en línea: Infórmate sobre los peligros comunes en línea, como el ciberacoso y la exposición a contenido inapropiado. Asegúrate de estar al tanto de las políticas de seguridad y privacidad de las redes sociales que utilizas.

Configura la privacidad de tu perfil: Asegúrate de que tus perfiles de redes sociales estén configurados para que solo las personas que conoces puedan ver tus publicaciones. También puedes configurar las opciones de privacidad para limitar el acceso a tus publicaciones y evitar que extraños se comuniquen contigo.

Sé selectivo con las personas con las que interactúas en línea: Ten cuidado con las personas desconocidas que se comuniquen contigo en línea. No compartas información personal ni hagas planes para encontrarte con alguien que no conozcas en persona.

Reporta cualquier comportamiento inapropiado: Si encuentras comportamientos inapropiados o peligrosos en línea, reporta el incidente a la plataforma de redes sociales y, si es necesario, a las autoridades correspondientes. Recuerda que denunciar este tipo de comportamientos puede ayudar a prevenir que otros sean víctimas en el futuro.

Mantén una comunicación abierta: Si eres padre o tutor de un menor, mantén una comunicación abierta con tus hijos sobre su uso de las redes sociales y los peligros que pueden encontrar en línea. Enséñales cómo protegerse a sí mismos y cómo pedir ayuda si se sienten incómodos o inseguros.

Aprendiendo la madurez

Se dieron cuenta de que, a medida que crecían y maduraban, también debían ser más responsables en su uso de las redes sociales. Aprendieron que, aunque las redes sociales pueden ser una herramienta poderosa para la comunicación y la conexión, también tienen el potencial de ser una fuente de problemas y conflictos.

Comenzaron a reflexionar sobre sus propias acciones en línea y cómo podían impactar a los demás. Aprendieron a pensar antes de publicar y a considerar cómo podrían ser percibidos por los demás. También aprendieron a ser más cuidadosos con la información personal que compartían en línea, y a establecer límites más claros en su uso de las redes sociales.

Además, se dieron cuenta de que ser responsable en línea

no solo significa ser cuidadoso con su propio comportamiento, sino también ser conscientes de lo que hacen los demás. Aprendieron a no tolerar comportamientos inapropiados en línea y a tomar medidas para protegerse a sí mismos y a los demás.

En una ocasión, uno ellos se encontró con un amigo que estaba siendo acosado en línea. En lugar de ignorar la situación decidió hablar con su amigo sobre lo que estaba sucediendo y ofrecerle su apoyo. Juntos, tomaron medidas para informar al administrador del sitio web y a la policía sobre el acoso. A través de esta experiencia, aprendió la importancia de tomar medidas cuando se enfrentan situaciones de acoso en línea y de apoyar a los amigos y seres queridos que pueden estar pasando por dificultades similares.

En general, aprendieron a ser más conscientes y responsables en el uso de las redes sociales. Aprendieron a ser más cuidadosos con lo que publicaban, a establecer límites claros y a tomar medidas para protegerse a sí mismos y a los demás.

Después de pasar por tantas experiencias positivas y negativas en las redes sociales, comenzaron a darse cuenta de que necesitaban ser más responsables y cuidadosos en su uso. Para ello, comenzaron a tomar medidas como:

Ser más selectivos en su círculo de amigos en línea y establecer límites saludables en el tiempo que pasaban en las redes sociales.

Pensar antes de publicar cualquier cosa en línea y considerar cómo podría afectar a los demás y a su propia imagen.

Aprender a reconocer y denunciar cualquier contenido inapropiado, como discursos de odio, acoso, o material explícito.

Establecer políticas de privacidad y ajustar la configuración de sus cuentas para garantizar que sus perfiles no sean accesibles a extraños o acosadores.

Tratar de conectarse más con personas en la vida real, en lugar de depender exclusivamente de las relaciones en línea.

Ser más conscientes de la imagen que proyectan en línea y trabajar en la construcción de una marca personal positiva.

Con el tiempo, estos hábitos y medidas les ayudaron a ser más conscientes y maduros en su uso de las redes sociales. Se dieron cuenta de que sus acciones en línea podían tener consecuencias en la vida real y que era importante ser responsables y cuidadosos en su comportamiento. De esta manera, aprendieron a aprovechar las redes sociales de manera positiva y a evitar los peligros y riesgos asociados a su uso irresponsable.

También aprendieron la importancia de ser honestos y transparentes en línea, y a no pretender ser alguien que no son para impresionar a los demás. Aprendieron a ser auténticos y a compartir sus verdaderos pensamientos y sentimientos, incluso si eso significaba ser vulnerables.

Además, aprendieron a ser más empáticos y considerados

con los demás, a tratar a los demás con respeto y compasión, a no juzgar a los demás por lo que publicaban en línea, ya que no sabían lo que podía estar sucediendo en sus vidas fuera de las redes sociales.

Los verdaderos amigos.

Un día, Cristian decidió organizar una reunión en su casa, para que todos pudieran conocerse mejor. Él quería que su amistad fuera más allá de las pantallas y que pudieran disfrutar juntos de la compañía de los otros.

El día llegó y los cuatro amigos se reunieron en la casa de Cristian. Al principio, se sentían un poco incómodos, pero después de un tiempo, comenzaron a sentirse más cómodos y relajados. Había una energía fresca y emocionante en el aire que nunca habían sentido antes.

Decidieron hacer una cena juntos y cada uno de ellos llevó algo para compartir. Cocinaron juntos y charlaron de todo un poco, se reían y se divertían juntos, compartiendo historias de sus vidas.

Durante la cena, Nerea habló sobre cómo había conocido a

su mejor amiga en línea y cómo habían mantenido una amistad durante varios años a pesar de que nunca se habían visto en persona. Sin embargo, también habló sobre cómo se había sentido decepcionada cuando finalmente se conocieron, ya que su amiga no era como la imaginaba y resultó ser muy diferente a lo que esperaba.

Sergio mencionó que había hecho muchos amigos en línea, pero que había aprendido que no todos eran lo que parecían. A veces, la gente se escondía detrás de las redes sociales y no mostraban su verdadero yo.

Paula habló sobre su propia experiencia de cómo se había sentido sola y aislada en la universidad y cómo había encontrado consuelo en las redes sociales, pero que después se había dado cuenta de que lo que realmente necesitaba era una amistad real y tangible. Tambien reveló que había estado luchando contra la ansiedad y la depresión durante mucho tiempo, y que la amistad que había encontrado con ellos había sido un gran apoyo para ella. Los demás se sintieron conmovidos y comenzaron a compartir sus propias luchas personales, lo que les hizo sentir más cercanos y unidos.

Al final de la noche, se dieron cuenta de que habían creado un vínculo especial entre ellos y que la verdadera amistad se trata de estar presente y apoyarse mutuamente en los buenos y malos momentos.

Después de esa noche, los cuatro amigos siguieron quedando en persona, compartiendo momentos y vivencias juntos, y aprendieron a valorar la importancia de la amistad real por encima de las relaciones superficiales en las redes sociales.

A partir de ese momento, los cuatro comenzaron a pasar más tiempo juntos, y descubrieron que compartían intereses y valores similares. Se animaron a hacer cosas juntos fuera de las redes sociales, como ir al cine o salir a cenar, y poco a poco fueron formando una verdadera amistad.

Han pasado varios años desde que Cristian, Nerea, Sergio y Paula se graduaron de la universidad. A pesar de que la vida los ha llevado por caminos diferentes, siguen siendo muy buenos amigos.

Cristian se ha convertido en un exitoso empresario y ha fundado su propia compañía de tecnología. Nerea es una abogada de derechos humanos muy respetada y trabaja para una organización internacional. Sergio ha seguido su pasión por la música y ahora es un reconocido compositor y productor. Paula es una activista social y trabaja para una organización que promueve la igualdad de género y la inclusión.

A pesar de que sus carreras son muy diferentes, los cuatro siguen compartiendo una gran amistad. Se reúnen de vez en cuando para hablar de sus vidas, reír y recordar viejos tiempos. A menudo se toman fotografías juntos y las comparten en las redes sociales, pero lo hacen con un sentido de cercanía y autenticidad que va más allá de la imagen perfecta que se ve en muchas cuentas de Instagram.

En una de sus reuniones, Nerea les contó que había tenido problemas con una amiga en el trabajo que había estado difundiendo rumores falsos sobre ella en las redes sociales. Los demás se sintieron muy tristes por ella y le dieron su apoyo incondicional. Cristian le recordó que no debía dejar que las opiniones de los demás afectaran su autoestima y Sergio le escribió una canción que hablaba sobre la importancia de ser fiel a uno mismo.

Más tarde, cuando Paula organizó un evento para su organización en el que buscaba recaudar fondos, los otros tres no dudaron en ofrecerse como voluntarios para ayudar. Juntos planearon el evento, diseñaron la publicidad y se aseguraron de que todo saliera perfecto. Cuando el evento tuvo lugar, fue un gran éxito y lograron recaudar más dinero del esperado.

Al final de la noche, los cuatro amigos se abrazaron y se felicitaron mutuamente por su trabajo en equipo y su amistad. Se sintieron orgullosos de haber aprendido a valorar la verdadera amistad por encima de las relaciones superficiales en las redes sociales. A pesar de que la tecnología sigue siendo una parte importante de sus vidas, saben que nada es más importante que las relaciones humanas auténticas y significativas.

Comunicación efectiva.

Después de años de seguir viéndose expontaneamente, los amigos Cristian, Nerea, Sergio y Paula seguían manteniendo su amistad, incluso a pesar de que cada uno había tomado caminos muy diferentes en la vida.

A pesar de que la tecnología había avanzado mucho desde que se conocieron en la universidad, y las redes sociales se habían convertido en una parte integral de la vida cotidiana, los amigos seguían aplicando las lecciones que habían aprendido juntos en su juventud. Habían aprendido a valorar la verdadera amistad y a comunicarse de manera efectiva, tanto en línea como en la vida real.

Un día, se encontraron en una reunión en línea para hablar de un proyecto en el que todos estaban involucrados. Durante la reunión, notaron que había algunas tensiones y malentendidos entre ellos. Cristian y Sergio tenían puntos de vista diferentes sobre cómo se debía llevar a cabo el proyecto, y Nerea y Paula estaban de acuerdo con ambos, lo que causaba aún más confusión.

En lugar de dejar que la situación empeorara, decidieron aplicar lo que habían aprendido juntos en el pasado y comenzaron a comunicarse abiertamente. Cristian explicó sus puntos de vista en detalle y Sergio hizo lo mismo. Nerea y Paula escucharon atentamente y plantearon preguntas claras para aclarar las ideas. Juntos, trabajaron en un plan que todos estaban contentos y que cumplía con los objetivos del proyecto.

Después de la reunión, se dieron cuenta de que habían aplicado lo que habían aprendido juntos años atrás sobre la comunicación efectiva. Habían aprendido que la comunicación es la clave para resolver conflictos y evitar malentendidos. Y que, a pesar de las diferencias de opinión, la escucha activa y el respeto son esenciales para llegar a un acuerdo.

Además, habían aprendido que la comunicación en línea puede ser tan efectiva como la comunicación en persona, siempre y cuando se utilicen las herramientas y técnicas adecuadas. Habían aprendido a ser claros y concisos en sus mensajes, a utilizar un tono apropiado y a ser respetuosos con los demás.

En resumen, los amigos habían aprendido que la comunicación efectiva es esencial para el éxito en cualquier proyecto, tanto en línea como en la vida real. Y que la verdadera amistad se construye sobre la base de la comunicación honesta y el respeto mutuo.

Reflexiones finales.

Después de haber seguido las historias de Cristian, Nerea, Sergio y Paula a lo largo de esta novela, queda claro que las redes sociales son una parte integral de nuestras vidas y que tienen tanto el potencial para ser una herramienta positiva como negativa en nuestras relaciones interpersonales y nuestra vida en general.

En el camino, hemos visto a estos personajes aprender valiosas lecciones sobre cómo manejar la presión social en línea, aceptarse a sí mismos tal como son, protegerse y proteger a otros en línea y, lo más importante, aprender a comunicarse de manera efectiva tanto en línea como en la vida real.

También se ha demostrado la importancia de la verdadera amistad y cómo esta puede superar cualquier relación superficial o falsa que se pueda tener en línea.

Al final, la clave para navegar por las redes sociales de manera efectiva y positiva es encontrar un equilibrio entre el tiempo en línea y el tiempo fuera de línea, ser auténtico y honesto consigo mismo y con los demás, comunicarse de manera efectiva y siempre tratar a los demás con respeto y empatía.

Un ejemplo de comunicación efectiva en línea y en la vida real podría ser cuando una persona se siente incómoda o ofendida por algo que alguien ha dicho o publicado en línea, en lugar de reaccionar con ira o agresión, tomar un momento para reflexionar sobre cómo se siente y luego expresar sus sentimientos de manera clara y respetuosa a la otra persona. Esto puede ayudar a evitar malentendidos y conflictos innecesarios y fomentar relaciones más saludables y positivas.

Consejos para que los jóvenes puedan utilizar las redes sociales de manera responsable y segura:

Piensa antes de publicar: Antes de publicar cualquier cosa en una red social, piensa si es algo que realmente quieres compartir con el mundo. Recuerda que todo lo que se publica en Internet puede ser visto por muchas personas.

Cuida tu privacidad: Configura tus cuentas de redes sociales para que solo puedan ser vistas por personas que conoces y en las que confías. No publiques información personal como tu dirección o número de teléfono en línea.

No compartas contraseñas: Nunca compartas tus contraseñas de redes sociales con nadie, ni siquiera con amigos cercanos o parejas. Mantén tus contraseñas seguras y cámbialas regularmente.

Sé amable y respetuoso: Trata a los demás en línea con el mismo respeto que lo harías en persona. Evita insultar o acosar a otros usuarios y no compartas imágenes o comentarios ofensivos.

Aprende a identificar el acoso cibernético: Si eres víctima de acoso cibernético, no lo ignores. Habla con un adulto de confianza o busca ayuda en una organización que se ocupe de estos temas.

No confíes en extraños: No aceptes solicitudes de amistad de personas que no conoces. Es importante tener cuidado al interactuar con extraños en línea y nunca compartir información personal o fotos con ellos.

Limita tu tiempo en línea: Las redes sociales pueden ser adictivas, así que trata de limitar el tiempo que pasas en línea. Es importante tener un equilibrio entre la vida en línea y la vida fuera de la pantalla.

Yo, mi influencer

www.ingramcontent.com/pod-product-compliance
Lightning Source LLC
LaVergne TN
LVHW051744050326
832903LV00029B/2710